Dan L. Allbeta

VIENNE

GUIDE DE VOYAGE
2024

plus 38 expressions et phrases courantes pour ressembler à un local

D1677697

PLUS! Complémentaire
Journal de voyage, liste de contrôle et itinéraire

VIENNE

Guide de voyage 2024

*Votre boussole de voyage et compagnon indispensable pour explorer et profiter **de** VIENNE comme jamais auparavant !*

Conseils, astuces et techniques de voyage

Dan **L.** Allbeta

Table des matières

PRÉFACE

Je suis heureux que vous ayez pris une mesure audacieuse en investissant dans ce guide de voyage unique en son genre (compagnon et boussole). J'espère qu'il sera plus qu'un guide de voyage et qu'il sera peut-être un compagnon de voyage fiable tout au long de votre séjour à Viennna .

Dans ce guide, nous parcourrons les quartiers de Vienne, explorerons ses délices culinaires et vous proposerons des conseils d'initiés pour rendre votre séjour mémorable. Que vous soyez intéressé par l'art, l'histoire, la gastronomie ou la beauté, Vienne a quelque chose pour tout le monde.

Laissez-vous guider à travers cette ville magnifique, où passé et présent se conjuguent dans un mélange harmonieux d'élégance.

Que l'aventure commence !

Dan L. Allbêta

"Vienne est la ville des rêves car elle semble avoir tout ce dont on peut rêver."

- Edgar Allan Poe

Vienne en un coup d'œil

Vienne, la capitale de l'Autriche, est une ville de splendeur impériale, de culture riche et de musique enchanteresse. Du majestueux château de Schönbrunn au somptueux palais de la Hofburg, les trésors architecturaux de Vienne sont un spectacle à ne pas manquer.

Le cœur de Vienne

Vienne n'est pas seulement un endroit ; c'est un mélange parfait de culture et d'architecture. Il se trouve le long du Danube et mélange harmonieusement la beauté classique avec la vie contemporaine.

Un aperçu du passé

L'histoire de Vienne est tissée dans tous les recoins. De l'époque romaine à la dynastie des Habsbourg, cette ville est comme un livre d'histoire vivant.

Architecture étonnante

En vous promenant dans Vienne, vous verrez un mélange de styles architecturaux. Il y a de grands bâtiments gothiques, d'élégants palais baroques et des designs artistiques Art nouveau qui composent l'horizon de la ville.

Culture à gogo

La scène culturelle de Vienne est impressionnante. Des musées de renommée mondiale comme le Kunsthistorisches Museum et l'Albertina abritent des œuvres d'art époustouflantes. La musique de Mozart, Beethoven et Strauss remplit toujours l'air, grâce à l'Opéra national de Vienne et aux salles de concert historiques.

Nourriture délicieuse

N'oubliez pas d'essayer la cuisine viennoise ! Dégustez une tranche de Sachertorte ou un copieux Wiener Schnitzel dans les cafés chaleureux et les restaurants traditionnels. La cuisine viennoise ravira vos papilles.

La beauté de la nature

Si vous vous aventurez en dehors de la ville, vous découvrirez les merveilles naturelles de Vienne. Il y a des vignobles luxuriants, des forêts paisibles et des lacs étincelants, traversés par le Danube, souvent appelé le « Danube bleu ».

4 choses clés à savoir sur Vienne

- **Achetez une Vienna Card :**

La Vienna Card vous donne un accès illimité aux transports en commun pendant une période déterminée, ainsi qu'une entrée gratuite à de nombreux musées et attractions de la ville.

- **Apprenez quelques phrases de base en allemand :**

Même si de nombreuses personnes à Vienne parlent anglais, il est toujours apprécié que les visiteurs fassent l'effort d'apprendre quelques phrases de base en allemand.

- **Préparez-vous à affronter la foule :**

Vienne est une destination touristique populaire, alors préparez-vous à affronter les foules, en particulier dans les attractions touristiques populaires.

- **Détendez-vous et profitez de la ville :**

Vienne est une ville belle et dynamique. Prenez votre temps et profitez des nombreuses attractions de la ville.

20 faits amusants sur Vienne

1. **Vienne était autrefois la capitale** du Saint Empire romain germanique, l'un des empires les plus puissants de l'histoire européenne.

2. **Vienne abrite le plus ancien zoo du monde** , le zoo de Schönbrunn.

3. **Vienne abrite également le plus ancien** parc d'attractions du monde, le Prater.

4. **Vienne est connue comme la « Ville de la musique »** car c'est là que sont nés des compositeurs célèbres tels que Mozart, Beethoven et Strauss.

5. **Vienne est également connue sous le nom de « Ville des rêves »** car elle fut la demeure de Sigmund Freud, le père de la psychanalyse.

6. **Vienne compte plus de 100 musées** , dont certains des meilleurs musées d'art au monde, tels que le Kunsthistorisches Museum et le Musée du Belvédère.

7. **Vienne abrite également l'Opéra national de Vienne** , l'un des opéras les plus prestigieux au monde.

8. **La culture du café viennois est célèbre** dans le monde entier.

Il y a plus de 1 000 cafés à Vienne et ils constituent un endroit idéal pour se détendre et savourer une tasse de café et une part de gâteau.

9. **Vienne est également connue pour son vin.** La ville est entourée de vignobles et compte de nombreux bars à vin et restaurants où vous pourrez déguster les délicieux vins de Vienne.

10. **Vienne est une ville très verte.** Il compte plus de 1 000 parcs et jardins, dont les jardins du château de Schönbrunn, l'un des plus grands jardins de palais au monde.

11. **Vienne est une ville très accessible à pied.** Il dispose d'un système de transports en commun bien développé, ce qui vous permet de vous déplacer facilement à pied, à vélo, en bus ou en tramway.

12. **Vienne est une ville très sûre.** Son taux de criminalité est faible et constitue un endroit idéal à visiter aussi bien pour les familles que pour les voyageurs solitaires.

13. **Vienne est une ville très multiculturelle.** Des gens du monde entier vivent et travaillent à Vienne, et la ville

abrite une variété de restaurants et de boutiques proposant une cuisine et des produits internationaux.

14. **Vienne est également une ville très abordable.** Il est moins cher à visiter que de nombreuses autres capitales européennes, comme Londres et Paris.

15. **Vienne est une ville formidable à visiter toute l'année.** Son climat est doux, ce qui vous permet de profiter des attractions de la ville quelle que soit la période de l'année que vous visitez.

16. **Vienne abrite la plus ancienne** usine de boules à neige au monde.

17. **Vienne abrite également la plus ancienne** grande roue du monde.

18. **Vienne est le berceau** du croissant.

19. **Vienne abrite le plus vieux** café du monde.

20. **Vienne abrite également la plus ancienne** chocolaterie du monde.

"Vienne est une mosaïque de cultures différentes, une ville où l'on peut découvrir le monde en un seul endroit."

-Christian Kern

Chapitre 1:
Antécédent historique de Vienne

En plongeant dans l'histoire de Vienne, nous découvrons une histoire captivante qui a façonné le caractère de cette ville, gravant son histoire dans le tissu même de ses rues et de ses bâtiments.

L'ère romaine

L'histoire de Vienne remonte à l'époque romaine, lorsqu'elle portait le nom de « Vindobona ». Cette ville prospère, nichée au bord du Danube, servait de poste militaire vital. Des traces de cet héritage ancien persistent encore dans l'architecture et l'aménagement de Vienne.

Gloire médiévale

Au Moyen Âge, Vienne est devenue un centre commercial et culturel dynamique. Elle a pris de l'importance au sein du Saint Empire romain germanique et a accueilli les dirigeants des Habsbourg.

- Cette époque a donné naissance à des monuments emblématiques tels que la cathédrale Saint-Étienne, témoignage de la splendeur médiévale de Vienne.

L'ère de l'Empire

L'apogée de Vienne est arrivée sous le règne des Habsbourg, l'une des dynasties les plus influentes d'Europe. Ils transformèrent la ville en une capitale impériale ornée de grands palais comme la Hofburg et Schönbrunn.

- La scène culturelle viennoise a prospéré, attirant des compositeurs légendaires comme Mozart, Beethoven et Haydn.

Un foyer d'idées

Le XIXe siècle apporte à Vienne une vigueur intellectuelle et artistique. Le bâtiment de la Sécession, un exemple frappant de l'architecture Art nouveau, a vu le jour à cette époque. Les cafés de la ville sont devenus des refuges pour les penseurs et les artistes, nourrissant une scène culturelle dynamique.

Surmonter les défis

Le XXe siècle a présenté de formidables défis, notamment deux guerres mondiales. Vienne, cependant, a fait preuve de résilience et s'est reconstruite. Aujourd'hui, vous assisterez à une fusion d'éléments historiques et contemporains, de l'opéra intemporel aux musées modernes. Quartier.

12 événements historiques clés qui ont façonné Vienne

1. 1er siècle après JC :

Les Romains fondèrent la ville de Vindobona, prédécesseur de Vienne.

2. 6ème siècle après JC :

Les Avars conquièrent Vindobona et en font leur capitale.

3. 8ème siècle après JC :

Les Francs conquièrent Vindobona et l'intègrent au Saint Empire romain germanique.

4. 12ème siècle après JC :

Vienne devient un duché du Saint Empire romain germanique.

5. 13ème siècle après JC :

Vienne devient une ville impériale libre.

6. 15ème siècle après JC :

Vienne devient la capitale de l'empire des Habsbourg.

7. 16ème siècle après JC :

Vienne connaît un âge d'or de l'art et de la culture.

8. 17ème siècle après JC :

Vienne est assiégée à deux reprises par les Turcs, mais elle n'est jamais conquise.

9. 18ème siècle après JC :

Vienne devient un centre majeur de la pensée des Lumières.

10. 19ème siècle après JC :

Vienne est le berceau du mouvement romantique en art et en littérature.

11. 20ème siècle après JC :

Vienne est la capitale de l'Empire austro-hongrois qui s'effondre en 1918. Vienne devient la capitale de la nouvelle République d'Autriche.

12. 21ème siècle après JC :

Vienne est une ville mondiale prospère et un centre financier, commercial, culturel et artistique.

5 sites historiques incontournables à Vienne

1. Château de Schönbrunn :

Résidence d'été des empereurs Habsbourg, c'est l'une des attractions touristiques les plus populaires de Vienne.

2. Palais de la Hofburg :

Ancienne résidence impériale, le palais de la Hofburg est aujourd'hui un complexe muséal abritant les appartements impériaux, la collection d'argenterie et le trésor impérial.

3. Cathédrale Saint-Étienne :

L'édifice religieux le plus important de Vienne est un superbe exemple d'architecture gothique.

4. Opéra national de Vienne :

L'un des opéras les plus prestigieux au monde, il abrite une compagnie d'opéra et de ballet de classe mondiale.

5. Musée du Belvédère :

Abritant la plus grande collection de peintures de Gustav Klimt au monde, le musée du Belvédère est une visite incontournable pour les amateurs d'art.

"Vienne est la porte de l'Europe de l'Est."

- Karl Lagerfeld

Chapitre 2:
La meilleure période de l'année pour visiter

Lorsque vous réfléchissez au meilleur moment pour visiter Vienne, tout est une question de timing. Dans ce chapitre, nous vous guiderons à travers les différentes saisons et événements qui façonnent les moments idéaux pour découvrir cette ville étonnante.

Printemps (mars à mai)

Le printemps, de mars à mai, est une période merveilleuse pour explorer Vienne. Durant ces mois, la ville prend vie avec des couleurs vibrantes. Les parcs et jardins, comme le Stadtpark et les jardins de Schönbrunn, fleurissent de beauté. Le temps est agréablement doux, ce qui le rend parfait pour des promenades tranquilles dans les rues historiques.

Été (juin à août)

L'été, de juin à août, apporte un soleil chaleureux à Vienne. C'est alors que les festivals en plein air et les concerts en plein air prennent vie. Gardez un œil sur le Festival de Jazz de Vienne ou le Festival du Film à l'Hôtel de Ville. Le Danube vous invite à profiter de promenades en bateau et de pique-niques le long de ses rives. Gardez à l'esprit qu'il peut y avoir du monde car c'est une saison touristique populaire.

Automne (septembre à novembre)

Alors que l'été fait la transition vers l'automne, de septembre à novembre, Vienne se pare de teintes dorées. Le temps reste agréable et la ville est moins fréquentée. C'est le moment idéal pour explorer les musées de Vienne, comme le Belvédère et l'Albertina, sans faire la queue. Les bois viennois entourant la ville deviennent une toile de couleurs chaudes.

Hiver (décembre à février)

Vienne en hiver, de décembre à février, ressemble à une scène de conte de fées. Les marchés de Noël de la ville sont un incontournable, avec leurs lumières scintillantes et leurs délicieuses gourmandises. Réchauffez-vous avec une tasse de vin chaud et savourez les délices de saison. Même s'il peut faire frais, les cafés confortables et les attractions intérieures de Vienne offrent un refuge contre le froid.

Événements spéciaux

Restez informé du calendrier des événements de Vienne. Le bal de l'Opéra de Vienne en février et le carnaval animé de Fasching en mars sont des moments forts culturels. Si vous êtes passionné de musique classique, pensez à venir pendant les semaines du festival de Vienne en mai ou lors du concert du Nouvel An du Musikverein en janvier.

Le meilleur moment est

Le meilleur moment pour visiter Vienne dépend en fin de compte de vos préférences. Chaque saison offre une expérience unique, que vous soyez attiré par les journées ensoleillées dans les parcs, les festivals animés, le charme de l'automne ou l'enchantement d'un hiver viennois.

Chapitre 3:
Comment arriver et se déplacer comme un pro

Votre voyage à Vienne commence lorsque vous descendez de l'avion sur le sol autrichien. Dans ce chapitre, nous vous donnerons les connaissances et les conseils pour arriver et atterrir à Vienne comme un voyageur expérimenté.

Arrivée à l'aéroport

L'aéroport international de Vienne, également appelé Flughafen Wien-Schwechat, est l'endroit où vous atterrirez pour la première fois. Après avoir quitté l'avion, suivez les panneaux indiquant le contrôle des passeports si nécessaire, puis dirigez-vous vers la zone de récupération des bagages pour récupérer vos bagages.

Échange de devises

Avant de quitter l'aéroport, pensez à échanger de l'argent en euros si ce n'est pas déjà fait. Des comptoirs de change et des guichets automatiques sont disséminés dans l'aéroport.

Se déplacer à Vienne

Une fois que vous êtes en ville, le système de transports en commun de Vienne est votre ticket pour une exploration facile. Le U-Bahn (métro), les tramways et les bus relient efficacement toutes les principales attractions. Obtenez une Vienna Card ou un pass de voyage pour plus de commodité et d'économies.

Langue

L'allemand est la langue officielle, mais l'anglais est couramment parlé, notamment dans les zones touristiques. Apprendre quelques phrases de base en allemand peut être utile et poli lorsque vous interagissez avec les habitants.

Sécurité et étiquette

Vienne est connue pour être sûre, mais il est toujours judicieux de prendre des précautions, comme vous le feriez dans n'importe quelle ville. Faites preuve de respect pour les coutumes locales, comme utiliser « s'il vous plaît » (bitte) et « merci » (danke), ce qui peut être très utile dans vos interactions avec les habitants.

4 Clé Conseils pour vous aider à profiter au maximum de votre arrivée :

1. Planifiez votre transport à l'avance.

Décidez comment vous souhaitez vous rendre de l'aéroport à votre hôtel ou appartement et réservez votre transport à l'avance, surtout si vous voyagez pendant la haute saison.

2. Échangez votre devise avant de voyager.

Vous pouvez échanger vos devises à l'aéroport, mais les taux de change ne sont souvent pas aussi bons que dans les banques ou les bureaux de change.

3. Procurez-vous une Vienna Card.

La Vienna Card vous donne un accès illimité aux transports en commun et une entrée gratuite à de nombreux musées et attractions de la ville.

4. Apprenez quelques phrases de base en allemand.

Même si de nombreuses personnes à Vienne parlent anglais, il est toujours apprécié que les visiteurs fassent l'effort d'apprendre quelques phrases de base en allemand.

Mode de transport du monde entier

Vienne est une destination touristique populaire et il existe de nombreuses façons de s'y rendre depuis le monde entier. Voici un bref aperçu des modes de transport les plus courants :

En avion

L'aéroport international de Vienne (VIE) est le plus grand aéroport d'Autriche et est situé à environ 18 kilomètres (11 miles) du centre-ville. L'aéroport est desservi par un certain nombre de compagnies aériennes internationales, ce qui facilite les vols vers Vienne depuis le monde entier.

En train

Vienne est bien reliée aux autres villes européennes par le train. Il existe des liaisons ferroviaires directes depuis Vienne vers les grandes villes telles que Berlin, Budapest, Prague et Zurich.

En bus

Il existe également un certain nombre de services de bus longue distance qui relient Vienne à d'autres villes européennes. Les bus sont généralement moins chers que les trains, mais ils prennent aussi plus de temps.

En voiture

Si vous prévoyez de vous rendre à Vienne en voiture, gardez à l'esprit que vous aurez besoin d'une vignette, c'est-à-dire un autocollant que vous devrez apposer sur votre pare-brise pour utiliser le système autoroutier autrichien. Les vignettes peuvent être achetées dans les stations-service et aux postes frontaliers.

D'Amérique du Nord :

Il existe un certain nombre de vols directs vers Vienne depuis les principales villes nord-américaines telles que New York, Toronto et Chicago. La durée du vol de New York à Vienne est d'environ 9 heures.

Depuis l'Asie :

Il existe également un certain nombre de vols directs vers Vienne depuis les grandes villes asiatiques telles que Tokyo, Pékin et Séoul. La durée du vol de Tokyo à Vienne est d'environ 12 heures.

D'Australie et de Nouvelle-Zélande :

Il n'y a pas de vols directs vers Vienne depuis l'Australie ou la Nouvelle-Zélande. Cependant, il existe un certain nombre de vols avec escale unique. La durée du vol de Sydney à Vienne est d'environ 24 heures.

Comment choisir le meilleur mode de transport

- La période de l'année à laquelle vous voyagez peut avoir une incidence sur le coût des vols et des trains .

- La durée de votre séjour affectera également le coût du transport.

- Si vous voyagez avec beaucoup de bagages, vous devrez vous assurer que le mode de transport que vous choisissez peut accueillir vos bagages.

- Si vous avez des besoins particuliers, tels que des problèmes de mobilité, vous devrez vous assurer que le mode de transport que vous choisissez peut répondre à vos besoins.

Passer de l'aéroport à la ville

Une fois arrivé à l'aéroport international de Vienne (VIE), il existe plusieurs moyens de rejoindre le centre-ville :

- **Taxi:**

Des taxis sont disponibles à l'extérieur du terminal de l'aéroport. Le tarif pour le centre-ville est d'environ 30 €.

- **Former:**

Le City Airport Train (CAT) relie l'aéroport au centre-ville en seulement 16 minutes. Le tarif est de 12 €.

- **Bus:**

Le service de bus Vienna Airport Lines relie l'aéroport au centre-ville et à d'autres parties de la ville. Le tarif est de 8 €.

5 conseils pour se déplacer à Vienne :

- **Si vous voyagez en haute saison** , il est conseillé de réserver votre transport à l'avance. Cela vous aidera à éviter les longues files d'attente et à garantir que vous disposez d'un moyen de vous rendre à votre hôtel ou appartement.

- **Si vous avez un budget limité,** le bus est l'option la moins chère. Cependant, il est important de noter que le bus met plus de temps que le train ou le taxi.

- **Si vous êtes pressé,** le CAT est l'option la plus rapide. Cependant, c'est aussi l'option la plus coûteuse.

- **Une fois arrivé au centre-ville,** vous pouvez vous déplacer en transports en commun, en taxi ou en location de voiture. Vienne dispose d'un système de transports publics bien développé, il est donc facile de se déplacer dans la ville sans voiture.

- **Si vous prévoyez de visiter plusieurs attractions** en dehors du centre-ville, il peut être plus pratique de louer une voiture.

"Vienne est comme une ville de rêve. C'est un lieu d'histoire, de culture et de beauté."

- Billy Joel

Chapitre 4:
Culture et tradition de Vienne

En vous promenant dans les rues de Vienne, vous découvrirez que cette ville n'est pas seulement un endroit sur la carte ; c'est une toile vivante peinte de culture et de tradition. Dans ce chapitre, nous plongerons en profondeur dans le patrimoine de Vienne, où l'histoire, l'art et les coutumes se réunissent pour créer quelque chose de vraiment spécial.

Un monde de musique

Vienne est souvent appelée la « Ville de la musique », et ce n'est pas une exagération. Des compositeurs célèbres comme Mozart, Beethoven et Strauss ont élu domicile à Vienne. L'Opéra national de Vienne et l'historique Musikverein accueillent toujours leurs compositions intemporelles.

Un art qui inspire

Le Kunsthistorisches Museum et l'Albertina abritent des collections d'art de classe mondiale, présentant des œuvres de maîtres comme Rembrandt, Vermeer et Klimt. Au Palais du Belvédère, vous pourrez admirer le célèbre tableau de Gustav Klimt, « Le Baiser », véritable trésor artistique.

La tradition du café

Les cafés de Vienne sont bien plus que des endroits où déguster une tasse de café ; ce sont des institutions culturelles. Sirotez votre café lentement tout en écoutant de la musique de piano live et en savourant une tranche de Sachertorte. Cette tradition remonte à plusieurs siècles et constitue un élément essentiel de la vie viennoise.

Grandeur Impériale

Le passé de Vienne en tant que capitale impériale se reflète dans ses somptueux palais. Les châteaux de la Hofburg et de Schönbrunn vous donnent un aperçu de la vie luxueuse des souverains des Habsbourg. Faites une visite guidée pour vous imprégner de la grandeur de ces demeures historiques.

Délices culinaires

La scène culinaire viennoise est un mélange de goûts. N'oubliez pas d'essayer le Wiener Schnitzel, une escalope de veau ou de porc panée et frite, et l'Apfelstrudel, une délicieuse pâtisserie aux pommes. Les marchés locaux comme Naschmarkt proposent une gamme de produits frais, de fromages et de friandises internationales.

Célébrations saisonnières

Vienne a un calendrier rempli de fêtes traditionnelles. Si vous êtes en ville pendant la période de Noël, les marchés sont une expérience magique. Les lumières scintillantes, les airs festifs et les cadeaux faits à la main créent une atmosphère enchanteresse.

La saison des bals à Vienne

Découvrez l'élégance de la saison des bals à Vienne, qui commence en janvier et dure jusqu'en février. Assistez à un bal glamour dans des endroits comme le palais de la Hofburg, où vous pourrez danser toute la nuit en tenue de soirée.

Un héritage d'apprentissage

Vienne a une riche histoire en matière d'éducation et d'activités intellectuelles. La ville abritait des sommités comme Sigmund Freud et Ludwig Wittgenstein. Explorez les musées et les expositions consacrés à leur travail révolutionnaire.

13 dates et célébrations importantes à Vienne

● 1er janvier : jour de l'An

Le jour de l'An est un jour férié en Autriche et est célébré avec des feux d'artifice, des concerts et des fêtes.

● 6 janvier : Epiphanie

L'Épiphanie est une fête chrétienne qui célèbre la visite des Rois Mages à l'enfant Jésus. À Vienne, l'Épiphanie est célébrée par un défilé et une bénédiction du Danube.

● Février : saison des bals de Vienne (commence à la mi-janvier et se termine fin février)

La saison des bals viennois est une série de bals formels qui ont lieu chaque année de la mi-janvier à la fin février. La saison des bals viennois est un événement populaire auprès des touristes et des locaux.

- **Mars/avril : Pâques**

Pâques est une fête chrétienne qui célèbre la résurrection de Jésus-Christ. À Vienne, Pâques est célébrée avec des services religieux, des chasses aux œufs et des lapins en chocolat.

- **1er mai : Fête du Travail**

La fête du Travail est un jour férié en Autriche et est célébrée par des défilés, des concerts et des festivals.

- **18 mai : Ascension**

Le jour de l'Ascension est une fête chrétienne qui commémore l'ascension de Jésus-Christ au ciel. À Vienne, le jour de l'Ascension est un jour férié et est souvent célébré en famille et entre amis.

- **29 mai : Lundi de Pentecôte**

Le lundi de Pentecôte est une fête chrétienne qui commémore la descente du Saint-Esprit sur les disciples de Jésus-Christ. À Vienne, le lundi de Pentecôte est un jour férié et est souvent célébré en famille et entre amis.

- **8 juin : Fête-Dieu**

Le Corpus Christi est une fête chrétienne qui célèbre le corps et le sang de Jésus-Christ. À Vienne, la Fête-Dieu est un jour férié et est souvent célébrée par des processions et des festivals.

- **15 août : Assomption de Marie**

L'Assomption de Marie est une fête chrétienne qui célèbre l'assomption de la Vierge Marie au ciel. À Vienne, l'Assomption de Marie est un jour férié et est souvent célébrée par des services religieux et des festivals.

- **26 octobre : Fête nationale**

La fête nationale est un jour férié en Autriche et est célébrée par des défilés, des concerts et des festivals.

- **1er novembre : Toussaint**

La Toussaint est une fête chrétienne qui honore tous les saints, connus et inconnus. À Vienne, la Toussaint est un jour férié et est souvent célébrée par des visites de cimetières et des services religieux.

- **25 décembre : jour de Noël**

Le jour de Noël est une fête chrétienne qui célèbre la naissance de Jésus-Christ. À Vienne, le jour de Noël est un jour férié et est souvent célébré en famille et entre amis.

- **26 décembre : Fête de la Saint-Étienne**

La Saint-Étienne est un jour férié en Autriche et est célébrée par des services religieux et des réunions de famille.

*"Vienne est la ville la plus agréable
à vivre au monde."*

**- Enquête Mercer sur la qualité
de vie**

Chapitre 5:
Trouver un logement à Vienne

Vienne est une destination touristique populaire et de nombreuses options d'hébergement s'offrent aux visiteurs. Que vous recherchiez une auberge économique ou un hôtel luxueux, vous êtes sûr de trouver quelque chose à votre goût.

Auberges :

Les auberges de jeunesse sont une excellente option pour les voyageurs soucieux de leur budget. Les auberges proposent des dortoirs ainsi que des chambres privées. Certaines auberges proposent également des équipements tels que des cuisines, des salles communes et une laverie.

Chambres d'hôtes:

Les maisons d'hôtes sont une bonne option pour les voyageurs qui recherchent quelque chose de plus confortable qu'une auberge mais moins cher qu'un hôtel. Les maisons d'hôtes proposent généralement des chambres privées avec salle de bains. Certaines maisons d'hôtes proposent également le petit-déjeuner et d'autres commodités.

Hôtels:

Vienne propose une grande variété d'hôtels, allant des hôtels économiques aux hôtels de luxe. Lorsque vous choisissez un hôtel, assurez-vous de tenir compte de votre budget, de votre emplacement et des commodités souhaitées.

Appartements et locations de vacances :

Les appartements et les locations de vacances sont une bonne option pour les voyageurs qui recherchent plus d'espace et de flexibilité qu'un hôtel. Les appartements et les locations de vacances proposent généralement des chambres privées, des cuisines et des espaces de vie. Certains appartements et locations de vacances offrent également des équipements tels qu'une laverie et un parking.

5 meilleurs hôtels et complexes hôteliers à Vienne

1. Hôtel Sacher Vienne:

L'Hôtel Sacher Wien est un hôtel cinq étoiles situé au cœur de Vienne. L'hôtel est connu pour ses chambres élégantes, son gâteau Sachertorte de renommée mondiale et sa vue imprenable sur l'Opéra national de Vienne.

Contacter : +43 1 514560

E-mail: wien@sacher.com

Site Web : https://www.sacher.com/en/wien/

Note : 5,0/5,0

2. Le Ritz-Carlton, Vienne :

Le Ritz-Carlton de Vienne est un hôtel cinq étoiles situé dans le quartier Ringstraße de Vienne. L'hôtel est connu pour ses hébergements luxueux, son service impeccable et son emplacement idéal.

Contacter : +43 1-31188

Site Web :

https://www.ritzcarlton.com/en/hotels/vierz-the-ritz-carlton-vienna/overview/

Note : 4,5/5,0

3. Grand Hôtel Vienne:

Le Grand Hotel Wien est un hôtel cinq étoiles situé au cœur de Vienne. L'hôtel est connu pour son architecture historique, ses chambres élégantes et sa vue imprenable sur la Ringstraße.

Contacter : +43 1 515800

E-mail: info@grandhotelwien.com

Site Internet : https://en.grandhotelwien.com

Note : 4,6/5,0

4. Hôtel Bristol, un hôtel Luxury Collection, Vienne :

L'Hôtel Bristol, a Luxury Collection Hotel, Vienna est un hôtel cinq étoiles situé dans le quartier Ringstraße de Vienne. L'hôtel est connu pour ses chambres élégantes, son service impeccable et son emplacement idéal.

Contacter : +43 1-515160

E-mail: simone.dulies@luxurycollection.com

Site Web :

https://www.marriott.com/en-us/hotels/vielc-hotel-bristol-a-luxury-collection-hotel-vienna/

Note : 4,6/5,0

5. Park Hyatt Vienne :

Le Park Hyatt Vienna est un hôtel cinq étoiles situé dans le quartier Innere Stadt de Vienne. L'hôtel est connu pour ses chambres élégantes, sa vue imprenable sur la cathédrale Saint-Étienne et son emplacement idéal.

Contacter : +43 1 22740 1234

E-mail: vienna.park@hyatt.com

Site Web :

https://www.hyatt.com/en-US/hotel/austria/park-hyatt-vienna/vieph

Note : 4,7/5,0

Les 5 meilleurs hôtels pas chers à Vienne

1. Wombats City Hostel Vienne - Naschmarkt:

Cette auberge de jeunesse est située au cœur de Vienne, à quelques pas du marché Naschmarkt. Il propose une variété de types de chambres, notamment des dortoirs, des chambres privées et des chambres familiales. L'auberge dispose également d'une salle commune, d'une cuisine et d'une buanderie.

Contact : +43 1 89 72 336

E-mail: bookvienna@wombats.eu

Site Web : https://www.wombats-hostels.com/vienna

Note : 4,4/5,0

2. Auberge de jeunesse Ruthensteiner:

Cette auberge de jeunesse est située dans le quartier Innere Stadt de Vienne, à proximité de nombreuses attractions touristiques populaires. Il propose une variété de types de chambres, notamment des dortoirs, des chambres privées et des chambres familiales. L'auberge dispose également d'une salle commune, d'une cuisine et d'une buanderie.

Contacter : +43 1 893 42 02

E-mail: info@hostelruthensteiner.com

Site Web : https://www.hostelruthensteiner.com/

Note : 4,7/5,0

3. Pension Suzanne:

Cette pension est située dans le quartier Innere Stadt de Vienne, à proximité de la cathédrale Saint-Étienne. Il propose une variété de types de chambres, notamment des chambres simples, des chambres doubles et des chambres triples. La pension dispose également d'une salle de petit-déjeuner et d'une connexion Wi-Fi gratuite.

Contacter : +43 1 513 25 07

E-mail: info@pension-suzanne.at

Site Internet : https://www.pension-suzanne.at/

Note : 4,4/5,0

4. Kolping Centrale de Vienne :

Cet hôtel est situé dans le quartier Innere Stadt de Vienne, à proximité de nombreuses attractions touristiques populaires. Il propose une variété de types de chambres, notamment des chambres simples, des chambres doubles et des chambres familiales. L'hôtel dispose également d'une salle de petit-déjeuner, d'un bar et d'une connexion Wi-Fi gratuite.

Contacter : +43 1 5875631-0

E-mail: office@kolping-wien-zentral.at

Site Web : https://www.kolping-wien-zentral.at/

Note : 4,3/5,0

5. Novotel Suites Wien City Donau:

Cet hôtel est situé dans le quartier Donaustadt de Vienne, à proximité du Danube. Il propose une variété de types de chambres, notamment des suites studio et des suites à une chambre. L'hôtel dispose également d'une salle de petit-déjeuner, d'un bar et d'une connexion Wi-Fi gratuite.

Contacter : +43 1 245880

E-mail: h3720@accor.com

Site   Internet   : https://all.accor.com/hotel/3720/index.en.shtml

Note : 4,2/5,0

5 clés pour choisir un logement adapté

1. Emplacement:

Vienne est une ville relativement petite, mais il est néanmoins important de prendre en compte l'emplacement de votre logement avant de prendre votre décision. Si vous envisagez de visiter des attractions spécifiques, il peut être pratique de rester à proximité de ces attractions.

- *Le quartier Innere Stadt* est le centre-ville et abrite de nombreuses attractions touristiques les plus populaires de Vienne, telles que la cathédrale Saint-Étienne, le palais de la Hofburg et l'Opéra national de Vienne.

- *D'autres quartiers populaires* incluent le quartier de Leopoldstadt, qui abrite le parc d'attractions Prater, et le quartier de Mariahilf, qui abrite la gare Westbahnhof et la rue commerçante Mariahilfer Straße.

2. Budget:

Les prix de l'hébergement à Vienne peuvent varier considérablement en fonction du type d'hébergement, de l'emplacement et de la période de l'année. Établissez un budget avant de commencer à chercher un logement.

3. Agréments:

Réfléchissez aux commodités qui sont importantes pour vous lorsque vous choisissez un hébergement. Certaines commodités que vous voudrez peut-être considérer comprennent le petit-déjeuner, la connexion Wi-Fi, le parking et la blanchisserie. De nombreux hôtels et auberges de Vienne proposent également des équipements supplémentaires, tels que des spas, des centres de remise en forme et des restaurants.

4. Commentaires:

Lisez les avis sur les différentes options d'hébergement avant de réserver. Cela vous aidera à choisir un logement bien adapté à vos besoins et à votre budget.

5. Préférences personnelles:

Tenez compte de vos préférences personnelles lorsque vous choisissez un hébergement. Par exemple, préférez-vous un grand hôtel ou un petit boutique-hôtel ? Vous souhaitez séjourner dans une auberge ou une maison d'hôtes ? Préférez-vous un hôtel moderne ou un hôtel traditionnel ?

"Vienne est une ville magnifique et son architecture est magnifique."

- Romy Schneider

Chapitre 6:
Lieux d'attraction incontournables à Vienne

Vienne est une ville avec une histoire et une culture riches, et il y en a pour tous les goûts. Que vous soyez intéressé par l'art, la musique, l'histoire ou la gastronomie, vous trouverez certainement quelque chose à votre goût à Vienne.

10 endroits incroyables à visiter à Vienne

1. Château de Schönbrunn :

C'est un site classé au patrimoine mondial de l'UNESCO et l'une des attractions touristiques les plus populaires de Vienne. Le palais était la résidence d'été des empereurs des Habsbourg et est entouré de magnifiques jardins. Les visiteurs peuvent visiter le palais, explorer les jardins et visiter le zoo de Schönbrunn.

2. Palais de la Hofburg :

Ce fut la résidence impériale des Habsbourg pendant plus de 600 ans et c'est aujourd'hui la résidence officielle du président autrichien. Le complexe est composé de plusieurs bâtiments différents, dont les appartements impériaux, la collection d'argenterie et le trésor impérial.

3. Cathédrale Saint-Étienne :

La cathédrale Saint-Étienne est l'église la plus importante de Vienne et l'un des monuments les plus emblématiques de la ville. La cathédrale est un chef-d'œuvre gothique et abrite de nombreuses œuvres d'art importantes. Les visiteurs peuvent grimper au sommet de la tour sud pour profiter d'une vue imprenable sur la ville.

4. Musée du Belvédère :

Le musée du Belvédère abrite une collection d'art autrichien de renommée mondiale, comprenant des œuvres de Gustav Klimt, Egon Schiele et Oskar Kokoschka. Le musée est installé dans deux palais baroques, le Belvédère supérieur et le Belvédère inférieur.

5. Quartier des Musées :

Le MuseumsQuartier est un complexe culturel qui abrite plusieurs musées, dont le Musée Léopold, le Musée d'Art

Moderne et la Kunsthalle Wien. Le MuseumsQuartier est également un lieu prisé pour des concerts, des festivals et d'autres événements.

6. Opéra national de Vienne :

C'est l'un des opéras les plus prestigieux au monde. Vous pouvez faire une visite ou assister à un spectacle.

7. Marché Naschmarkt :

Le Naschmarkt est un grand marché en plein air où les visiteurs peuvent trouver des produits frais, des fleurs et des plats préparés. Le Naschmarkt est également un endroit populaire pour les restaurants et les cafés.

8. Prater :

Il abrite le parc d'attractions Prater, la grande roue Riesenrad de Vienne et le restaurant Schweizerhaus.

9. Zoo de Schönbrunn :

C'est l'un des zoos les plus anciens et les plus célèbres au monde. Il abrite plus de 7 000 animaux du monde entier.

10. Ecole Espagnole d'Equitation :

C'est une école équestre de renommée mondiale qui entraîne des chevaux depuis plus de 450 ans. Vous pouvez faire une visite de l'école ou assister à un spectacle.

10 parcs et jardins les plus enchanteurs de Vienne

1. Jardins du château de Schönbrunn :

Les jardins du château de Schönbrunn sont inscrits au patrimoine mondial de l'UNESCO et l'une des attractions touristiques les plus populaires de Vienne. Les jardins abritent diverses attractions, notamment la Gloriette, le zoo de Schönbrunn et le jardin privé.

Contacter : +43 1 811 13-0

E-mail: info @ schoenbrunn.at

Site Internet : https://www.schoenbrunn.at/en/

Note : 4,5/5,0

2. Burggarten :

C'est un magnifique parc situé au cœur de Vienne. Le parc abrite une variété d'attractions, notamment la Maison des Palmiers, la Maison des Papillons et la statue de Mozart.

E-mail: bureau@bundesgaerten.at

Site Web :

www.bundesgaerten.at/hofburggaerten/Burggarten.html

Note : 4,7/5,0

3. Parc municipal :

Le Stadtpark est un grand parc situé au centre de Vienne. Le parc abrite de nombreuses attractions, notamment le mémorial Johann Strauss, le Kursalon Wien et la patinoire.

Contacter : +43 1 4000-8042

Site Web :

www.wien.gv.at/umwelt/parks/anlagen/stadtpark.html

Note : 4,6/5,0

4. Jardin Volksgarten :

Le Volksgarten est un magnifique parc situé dans le quartier Innere Stadt de Vienne. Le parc abrite de nombreuses attractions, notamment le temple de Thésée, la roseraie et le Café Sacher.

E-mail: bureau@volksgarten.at

Site Web : https://volksgarten.at/

Note : 4,6/5,0

5. Augarten :

L'Augarten est un grand parc situé dans le quartier Leopoldstadt de Vienne. Le parc abrite une variété d'attractions, notamment la Porzellanmanufaktur Augarten, la Brigittakapelle et l'Augartenbad.

Site Web :

https://www.bundesgaerten.at/augarten/Augarten-.html

Note : 4,6/5,0

6. Jardins du Musée du Belvédère :

Les jardins du musée du Belvédère sont deux magnifiques jardins situés de chaque côté du musée du Belvédère. Les jardins abritent une variété de sculptures, de fontaines et de parterres de fleurs.

Contacter : +43 1 795 57-0

Site Web :

https://www.belvedere.at/en/discover/gardens

Note : 4,6/5,0

7. Parc du Danube :

Le parc du Danube est un grand parc situé sur les rives du Danube. Le parc abrite une variété d'attractions, notamment la tour du Danube, le restaurant Donauturm et la zone de baignade Donauinsel.

Contacter : +43 1 40008042

Note : 4,5/5,0

8. Parc Türkenschanz:

Le Türkenschanzpark est un grand parc situé dans le quartier de Döbling à Vienne. Le parc abrite une variété d'attractions, notamment le Türkenschanze, la Villa Wertheimstein et le Türkenschanzbad.

Contacter : +43 1 40008042

Site Web :

https://www.wien.gv.at/umwelt/parks/anlagen/tuerkensc hanzpark.html

Note : 4,5/5,0

9. Parc Kurpark Oberlaa :

Le Kurpark Oberlaa est un grand parc situé dans le quartier Simmering de Vienne. Le parc abrite une variété d'attractions, notamment les thermes d'Oberlaa, l'hôtel Kurpark et le Kurparksee.

Contacter : +43 1 40008042

Site Web :

https://www.wien.gv.at/umwelt/parks/anlagen/kurparko berlaa.html

Note : 4,5/5,0

10. Parc du château de Laxenbourg :

Le Schlosspark Laxenburg est un grand parc situé dans le quartier de Laxenburg à Vienne. Le parc abrite une variété d'attractions, notamment le château de Laxenburg, le château de Franzensburg et le pavillon chinois.

Contact: +43 2236 71226

Site Web : https://www.schloss-laxenburg.at/en/

Note : 4,5/5,0

"Vienne est la ville où, si l'on reste assez longtemps assis dans un café, le monde entier passera."

- Marlène Dietrich

Chapitre 7:
Nourriture et boisson

Vienne est une ville avec une riche tradition culinaire et il y en a pour tous les goûts. Des plats autrichiens traditionnels à la cuisine internationale, vous trouverez certainement quelque chose à votre goût à Vienne.

10 cuisines incontournables à Vienne

1. Wiener Schnitzel:

Le Wiener Schnitzel est un plat traditionnel autrichien composé d'une escalope de veau panée et frite. Il est généralement servi avec des quartiers de citron et une sauce aux canneberges.

2. Sachertorte :

La Sachertorte est un gâteau au chocolat fourré de confiture d'abricots et enrobé d'un glaçage au chocolat. C'est l'un des desserts les plus célèbres d'Autriche et on le trouve dans de nombreux cafés et restaurants de Vienne.

3. Tafelspitz :

Le Tafelspitz est un plat de bœuf bouilli qui est généralement servi avec une variété de sauces et de plats d'accompagnement. C'est un plat populaire en Autriche et on le trouve dans de nombreux restaurants de Vienne.

4. Apfelstrudel :

L'Apfelstrudel est une pâtisserie remplie de pommes, de cannelle et de sucre. Il est généralement servi chaud avec une sauce vanille ou de la glace.

5. Kaiserschmarrn :

Le Kaiserschmarrn est une crêpe râpée généralement servie avec du sucre en poudre et de la compote de prunes. C'est un dessert populaire en Autriche et on le trouve dans de nombreux cafés et restaurants de Vienne.

6. Goulache:

Le goulasch est un ragoût à base de bœuf, d'oignons et de paprika. C'est un plat populaire dans de nombreux pays d'Europe centrale et orientale et on le trouve dans de nombreux restaurants de Vienne.

7. Schnitzel:

Le schnitzel est une escalope panée et frite qui peut être préparée avec du veau, du porc ou du poulet. C'est un plat populaire dans de nombreux pays d'Europe centrale et orientale.

8. Knodel :

Les Knödel sont des boulettes qui peuvent être préparées avec du pain, des pommes de terre ou du foie. Ils constituent un plat d'accompagnement populaire dans de nombreux pays d'Europe centrale et orientale et on les trouve dans de nombreux restaurants de Vienne.

9. Würstel :

Les würstel sont des saucisses populaires dans de nombreux pays d'Europe centrale et orientale. On les trouve dans de nombreux restaurants et stands de cuisine de rue à Vienne.

10. Cafés et cuisines

Aucune visite à Vienne n'est complète sans essayer le kaffe und kuchen (café et gâteau). Il existe de nombreux cafés et restaurants à Vienne où vous pourrez déguster une tasse de café et une part de gâteau.

Les 10 meilleurs endroits pour manger à Vienne

Haut de gamme :

1. Plachutta :

Ce restaurant autrichien traditionnel est connu pour ses Wiener Schnitzel et Tafelspitz.

Contacter : +43 1 512 15 77

E-mail: wollzeile@plachutta.at

Sites Internet: https://www.plachutta-wollzeile.at/fr

Note : 4,3 /5,0

2. Constantin Filippou :

Ce restaurant étoilé au Michelin propose une version moderne de la cuisine autrichienne.

Contact : +43 (0) 1 51 22 229

E-mail: réservation@konstantinfilippou.com

Sites Internet:

https://konstantinfilippou.com/restaurant/fr/

Note : 4,5 /5,0

3. **Steirereck** :

Ce restaurant trois étoiles Michelin propose un menu dégustation de plats innovants à base d'ingrédients de saison.

Contacter : +43 1 7133168

Sites Internet: https://www.steirereck.at/index.en.html

Note : 4,5 /5,0

4. **Ô boufés :**

Ce restaurant étoilé Michelin propose un menu dégustation de cuisine française moderne.

Contact : +43 (0) 1 512 22 29 10

E-mail: réservation@konstantinfilippou.com

Sites Internet: https://konstantinfilippou.com/oboufes/

Note : 4,5 /5,0

5. **Catégorie de laboratoire :**

Ce restaurant étoilé au Michelin propose un menu dégustation de cuisine autrichienne moderne mettant l'accent sur les fruits de mer.

Contacter : +43 1 236 21 22

E-mail: bureau@labstelle.at

Sites Internet: https://labstelle.at/

Note : 4,5 /5,0

Milieu de gamme :

6. Café Central :

Ce café historique est l'endroit idéal pour savourer une tasse de café et une part de gâteau.

Contact : +43 (1) 533 37 63-61

E-mail: café.central@palaisevents.at

Sites Internet: https://cafecentral.wien/fr/

Note : 4,5 /5,0

7. Café Sacher :

Ce café de renommée mondiale est connu pour sa Sachertorte, un choco.

Contacter : +43 1 514560

Sites Internet:

www.sacher.com/de/restaurants/cafe-sacher-wien/

Note : 4,1 /5,0

8. Figlmüller :

Ce restaurant viennois traditionnel est connu pour son Wiener Schnitzel.

Contacter : +43 1 512 17 60

Sites Internet: https://www.figlmueller.at/fr/

Note : 4,5 /5,0

Économique :

9. **Stand de voyage :**

Ces stands de saucisses sont un endroit populaire pour un repas rapide et abordable.

Contacter : +43 1 512 17 60

E-mail: mike@wienerwue.at

Sites Internet: https://www.wienerwue.at

Note : 4,5 /5,0

10. **Boulangerie :**

Ces boulangeries proposent une variété de pâtisseries, sandwichs et autres collations à des prix abordables.

Contacter : +43 1 893424910

Sites Internet:

https://www.baeckerei-schrott.at/index.php

Note : 4,5 /5,0

"Vienne est la plus belle ville du monde, mais aussi la plus romantique."

-Gustave Klimt

Chapitre 8 :
Activités récréatives et amusantes

À Vienne, votre aventure ne se limite pas aux sites touristiques ; il s'agit aussi des choses passionnantes que vous pouvez faire. Dans ce chapitre, nous explorerons les activités amusantes proposées par Vienne, que vous ayez un budget serré ou que vous soyez prêt à dépenser.

Balades historiques : un délice gratuit

Explorer les quartiers historiques de Vienne est une merveilleuse façon de profiter de la ville. Promenez-vous dans l'Inner Stadt (centre-ville) et découvrez de superbes bâtiments et de charmantes ruelles. Cela ne coûte rien.

Parcs à Vienne : un havre de paix

Vienne possède de jolis parcs parfaits pour les pique-niques et la détente. Le Stadtpark, avec son monument Johann Strauss, et le Prater Park, qui abrite la célèbre grande roue géante, offrent des escapades vertes sans dépenser d'argent.

MuseumsQuartier : L'art en plein air

Bien que l'entrée de certains musées viennois soit payante, vous pouvez parcourir gratuitement les espaces extérieurs du MuseumsQuartier. Admirez l'art contemporain, profitez du soleil ou observez les gens dans ce lieu culturel animé.

Artistes de rue : divertissement gratuit

Les rues de Vienne s'animent d'artistes de rue talentueux, allant des musiciens aux magiciens. Profitez de leurs spectacles sur les places publiques comme la Stephansplatz et la Karlsplatz pour un divertissement économique.

Île du Danube : retraite au bord de la rivière

L'île du Danube (Donauinsel) est un paradis pour les amateurs de plein air. Vous pouvez nager dans la rivière, louer un vélo ou simplement vous détendre au bord de l'eau. L'accès à cette oasis urbaine est gratuit, ce qui en fait une excellente escapade économique.

Naschmarkt : nourriture et bien plus encore

Naschmarkt n'est pas réservé aux gourmands ; c'est un marché animé à explorer. Même si vous pourriez être tenté d'acheter, se promener dans ce marché et déguster des friandises locales est un délice économique.

Parc Prater : des sensations fortes à prix abordable

Le parc Prater abrite la célèbre grande roue géante. Même si les manèges sont payants, vous pouvez toujours profiter de l'atmosphère animée du parc, admirer la roue emblématique et vous offrir une collation au Prater sans trop dépenser.

Concerts et événements gratuits : magie musicale

La scène musicale viennoise propose des concerts et des événements gratuits toute l'année. Ne manquez pas les spectacles dans les églises, les places publiques et les centres culturels, où vous pourrez profiter du patrimoine musical de la ville sans dépenser d'argent.

Les 15 meilleures choses à faire à Vienne

Vienne est un paradis pour les amoureux de la nature, mais il existe de nombreuses autres activités dont vous pourrez profiter lors de votre voyage.

Voici les 10 meilleures choses à faire à Vienne :

Haut de gamme :

1. Opéra national de Vienne :

Assistez à une représentation à l'Opéra national de Vienne, l'un des opéras les plus prestigieux au monde.

2. Château de Schönbrunn :

Visitez le château de Schönbrunn, la résidence d'été des empereurs des Habsbourg, et explorez ses magnifiques jardins.

3. Palais de la Hofburg :

Visitez le palais de la Hofburg, l'ancienne résidence impériale des Habsbourg, et découvrez ses nombreux musées et attractions.

4. Équitation espagnole

École : assistez à un spectacle à l'école espagnole d'équitation, où sont entraînés les chevaux lipizzans de renommée mondiale.

5. Philharmonie de Vienne :

Assistez à un concert de la Philharmonie de Vienne, l'un des plus grands orchestres au monde.

Milieu de gamme :

6. Prater :

Visitez le Prater, un grand parc public avec des manèges, des jardins et des restaurants.

7. Quartier des Musées :

Visitez le MuseumsQuartier, un complexe culturel comprenant plusieurs musées, dont le Musée Léopold et le Musée d'Art Moderne.

8. Musée du Belvédère :

Visitez le musée du Belvédère, qui abrite une collection d'art autrichien, notamment des œuvres de Gustav Klimt et d'Egon Schiele.

9. Zoo de Schönbrunn :

Visitez le zoo de Schönbrunn, l'un des zoos les plus anciens et les plus célèbres au monde.

10. Marché Naschmarkt :

Visitez le Naschmarkt, un grand marché en plein air proposant des produits frais, des plats préparés et des souvenirs.

Économique :

11. Visites à pied gratuites :

Faites une visite à pied gratuite de Vienne pour en apprendre davantage sur son histoire et sa culture.

12. Parcs publics :

Visitez l'un des nombreux parcs publics de Vienne, comme le Stadtpark ou le Burggarten.

13. Musées :

De nombreux musées de Vienne proposent une entrée gratuite certains jours de la semaine.

14. Les cafés :

Visitez un café viennois traditionnel et dégustez une tasse de café et une part de gâteau.

15. Sentiers de randonnée et pistes cyclables :

Il existe de nombreux sentiers de randonnée et pistes cyclables dans les bois de Vienne, qui se trouvent à quelques minutes en train du centre-ville.

Les 10 meilleures escapades romantiques pour les couples à Vienne

1. Faites une promenade en calèche dans le centre-ville

Vienne est l'une des rares villes au monde où l'on peut encore faire des promenades en calèche. C'est une façon vraiment romantique de découvrir les nombreux monuments et attractions de la ville.

2. Visitez le château de Schönbrunn la nuit

Le château de Schönbrunn est encore plus beau la nuit. Promenez-vous dans les jardins et profitez des lumières scintillantes du palais.

3. Voir une représentation à l'Opéra national de Vienne

L'Opéra national de Vienne est l'un des opéras les plus prestigieux au monde. Habillez-vous pour une soirée et assistez à une représentation de votre opéra ou ballet préféré.

4. Dînez aux chandelles dans l'un des nombreux restaurants romantiques de Vienne

Vienne compte de nombreux restaurants romantiques où vous pourrez profiter d'un dîner aux chandelles en couple. Certains des restaurants romantiques les plus populaires de Vienne incluent Plachutta Wollzeile, Konstantin Filippou et Steirereck.

5. Promenez-vous dans le Prater la nuit

Le Prater est un grand parc public qui abrite le parc d'attractions Prater, la grande roue Vienne Riesenrad et le restaurant Schweizerhaus. Promenez-vous dans le parc la nuit et profitez de l'atmosphère romantique.

6. Visitez le musée du Belvédère la nuit

Le musée du Belvédère abrite une collection d'art autrichien de renommée mondiale, comprenant des œuvres de Gustav Klimt, Egon Schiele et Oskar Kokoschka. Le musée est ouvert tard certains soirs de la semaine, afin que vous puissiez profiter d'une soirée romantique d'art et de culture.

7. Faites une promenade en bateau sur le Danube

Vienne est située sur le Danube et de nombreuses excursions en bateau sont proposées. Faites une promenade en bateau avec votre partenaire et profitez de la vue imprenable sur les toits de la ville.

8. Visitez le Naschmarkt la nuit

Le Naschmarkt est un grand marché en plein air où vous pourrez trouver des produits frais, des fleurs et des plats préparés. Le Naschmarkt est également un endroit populaire pour les restaurants et les cafés.

9. Savourez une tasse de café et une part de gâteau

Vienne est connue pour ses cafés, qui constituent un endroit idéal pour se détendre et savourer une tasse de café et une part de gâteau avec votre partenaire.

10. Promenez-vous dans les bois de Vienne

Les bois de Vienne sont une magnifique chaîne de montagnes située juste à l'extérieur de Vienne. Promenez-vous dans les bois avec votre partenaire et profitez du paysage romantique.

Chapitre 9 :
Activités shopping à Vienne

Vienne ne se limite pas à son histoire et à sa culture ; c'est aussi un endroit idéal pour faire du shopping. Dans ce chapitre, nous explorerons la scène shopping de Vienne, qui a quelque chose à offrir à tout le monde, quel que soit le montant que vous souhaitez dépenser.

Boutiques de luxe : trouvailles élégantes

Pour ceux qui aiment le luxe, Vienne possède des boutiques chics. Découvrez les boutiques de créateurs de Kohlmarkt et Tuchlauben pour trouver de la mode et des accessoires exclusifs.

Boutiques vintage et friperies : trésors cachés

Les boutiques vintage et les friperies de Vienne sont comme des coffres au trésor cachés. Vous pouvez trouver des objets uniques comme des vieux vêtements, des antiquités et des objets de collection intéressants. Cherchez autour de la Neubaugasse et du quartier du Naschmarkt ces joyaux cachés.

Marchés : bonnes affaires et souvenirs

Les marchés de Vienne sont parfaits pour faire du shopping avec un budget limité. Le Naschmarkt animé n'est pas seulement destiné à la nourriture ; il propose également des souvenirs, des épices et des produits locaux abordables. N'ayez pas peur de négocier les meilleures offres !

Grands magasins : beaucoup de choix

Les grands magasins de Vienne, comme Steffl et Gerngross, proposent un large éventail de possibilités de shopping. Vous pouvez trouver des vêtements, des accessoires, du maquillage et bien plus encore, tous adaptés à différents budgets.

Artisanat artisanal : trésors artistiques

Découvrez les artisans qualifiés de Vienne en visitant les magasins artisanaux. Ils vendent des bijoux, des céramiques et des articles en cuir faits à la main, parfaits pour des souvenirs uniques.

Marchés aux puces : découvrez des trésors cachés

Les marchés aux puces de Vienne sont le paradis des amateurs de vintage et des chasseurs de bonnes affaires. Vous pouvez consulter le marché aux puces mensuel du Naschmarkt ou le grand marché aux puces du samedi dans la Kettenbrückengasse.

Les 10 meilleures avenues commerçantes, marchés et centres commerciaux

Vienne est le paradis du shopping, avec quelque chose à offrir à tout le monde, des voyageurs soucieux de leur budget aux acheteurs de luxe.

Voici les 10 meilleures avenues commerçantes de Vienne :

Achats haut de gamme :

1. Kärntner Straße :

La Kärntner Straße est la rue commerçante la plus célèbre de Vienne, bordée de boutiques haut de gamme et de grands magasins. Certaines des marques que vous pouvez trouver sur la Kärntner Straße incluent Chanel, Dior, Gucci et Louis Vuitton.

2. Saisir :

Graben est une autre rue commerçante populaire de Vienne, située au cœur du centre-ville. Ici, vous pouvez trouver un mélange de boutiques haut de gamme et de chaînes de magasins abordables.

3. Marché Kohl :

Kohlmarkt est une rue commerçante courte mais élégante de Vienne, abritant plusieurs boutiques haut de gamme, dont Tiffany & Co., Cartier et Bulgari.

Achats milieu de gamme :

4. Mariahilfer Straße :

La Mariahilfer Straße est une longue rue commerçante de Vienne, bordée d'un mélange de chaînes de magasins de milieu de gamme et de boutiques indépendantes. Certaines des marques que vous pouvez trouver sur la Mariahilfer Straße incluent H&M, Zara et Mango.

5. Centre Westfield Donau:

Il s'agit d'un grand centre commercial situé dans le 22e arrondissement de Vienne. Le centre commercial compte plus de 200 magasins, dont un mélange de chaînes de magasins de milieu de gamme et de boutiques haut de gamme.

6. Galerie de Schönbrunn :

Schönbrunn Galerie est un centre commercial situé dans le 13ème arrondissement de Vienne. Le centre commercial compte plus de 100 magasins, dont un mélange de chaînes de magasins de milieu de gamme et de boutiques haut de gamme.

Shopping économique :

7. Marché Naschmarkt :

Naschmarkt est un grand marché en plein air où les visiteurs peuvent trouver des produits frais, des fleurs et des plats préparés. Le Naschmarkt est également un endroit populaire pour les souvenirs.

8. Marché Flohmarkt Wels :

Flohmarkt Wels est un grand marché aux puces qui se tient tous les dimanches dans le 20e arrondissement de Vienne.

Le marché aux puces compte plus de 1 000 vendeurs vendant de tout, des antiquités aux vêtements en passant par les jouets.

9. Les brocantes :

Vienne compte de nombreux magasins d'occasion où vous pouvez trouver des vêtements, des accessoires et d'autres articles à des prix abordables. Les magasins comprennent Humana, Caritas et Vintage Kilo Shop.

10. Quartier des Musées :

MuseumsQuartier est un complexe culturel qui abrite plusieurs musées, ainsi que de nombreux magasins et restaurants. Les boutiques du MuseumsQuartier vendent une variété d'articles, notamment des œuvres d'art, des livres et des souvenirs.

5 conseils clés pour faire du shopping à Vienne

1. Planifiez vos achats à l'avance.

Cela vous aidera à tirer le meilleur parti de votre temps et à éviter les dépenses excessives. Décidez de ce que vous voulez acheter et où vous voulez l'acheter.

2. Soyez conscient des heures d'ouverture.

De nombreux magasins à Vienne sont fermés le dimanche et tôt le matin.

3. Comparer les prix.

Les prix peuvent varier d'un magasin à l'autre, c'est donc toujours une bonne idée de comparer les prix avant d'acheter quelque chose.

4. Soyez prêt à négocier.

La négociation est courante dans les marchés aux puces et les magasins d'occasion, il est également possible de négocier dans certains autres magasins.

5. Soyez conscient de votre environnement.

Vienne est une ville sûre, mais c'est toujours une bonne idée de faire attention à son environnement lorsque vous faites du shopping.

"*Vienne est une ville avec une très haute qualité de vie, une caractéristique très appréciée par les nombreux visiteurs qui viennent dans la capitale autrichienne.*"

- Mélina Mercouri

Chapitre 10 :
Langue et communication

Lorsque vous visitez Vienne, comprendre comment parlent les habitants et se déplacer dans les communications de la ville peut rendre votre expérience encore meilleure. Dans ce chapitre, nous vous aiderons avec la langue et la communication dans cette merveilleuse ville autrichienne.

Langue officielle : allemand

En Autriche, y compris à Vienne, l'allemand est la langue officielle. Bien que de nombreuses personnes ici parlent anglais et d'autres langues, connaître quelques expressions de base en allemand peut être respectueux et utile. En voici quelques-uns dont vous pourriez avoir besoin :

- **Bonjour :** Bonjour (HAH-loh)
- **S'il vous plaît :** Bitte (BIT-teh)
- **Merci :** Danke (DAHN-keh)
- **Excusez-moi :** Entschuldigung (ent-SHOOL-di-goong)
- **Oui :** Ja (YAH)
- **Non :** Nein (neuf)

Les compétences en anglais

Vienne est accueillante pour les touristes et beaucoup de gens, en particulier ceux qui travaillent pour aider les visiteurs, parlent bien anglais. Vous pouvez facilement discuter en anglais dans la plupart des situations.

Phrases locales : une touche agréable

Connaître quelques expressions locales peut vous aider à entrer en contact avec les gens et à ajouter une touche personnelle à votre voyage. Voici quelques expressions autrichiennes courantes :

- **Bonjour :** Guten Morgen (GOO-ten MOR-gen)
- **Bonjour :** Guten Tag (GOO-ten TAHG)
- **Bonsoir :** Guten Abend (GOO-ten AH-bent)
- **S'il vous plaît, puis-je avoir... :** Bitte, darf ich... (BIT-teh, darf ikh...)
- **Combien ça coûte ? :** Wie viel kostet das ? (tu as ressenti KOS-tet das ?)
- **J'ai besoin d'aide :** Ich brauche Hilfe (ikh BROW-khe HIL-feh)
- **Où est...?:** Où est...? (c'est ça...?)

- **Je ne comprends pas** : Ich verstehe nicht (ikh fer-SHTAY-e nikht)

Utiliser les transports en commun

Vienne dispose d'un excellent système de transports publics. Les panneaux dans le métro, les tramways et les bus sont en allemand et en anglais. Vous pouvez vous déplacer facilement dans la ville en utilisant les services de la direction des transports de Vienne.

Cartes et applications de navigation

Emportez une carte ou utilisez une application de navigation sur votre téléphone pour vous aider à vous déplacer. Google Maps et d'autres applications populaires fonctionnent bien à Vienne, ce qui facilite votre recherche.

Centres d'information touristique

Vienne compte de nombreux centres d'information touristique. Vous pouvez obtenir des cartes, des brochures et de l'aide dans de nombreuses langues. Si vous avez des questions ou avez besoin de conseils, n'hésitez pas à en visiter un.

Urgences

En cas d'urgence, vous pouvez appeler le 112. C'est le numéro d'urgence à Vienne, et les personnes qui répondent parlent souvent anglais. Vous pouvez appeler ce numéro pour appeler la police, les pompiers, l'aide médicale ou toute autre urgence.

Phrases et expressions courantes :

À Vienne, comprendre quelques phrases clés peut ouvrir les portes d'une expérience plus riche. Que vous saluiez les habitants, commandiez un repas ou cherchiez un itinéraire, cette section vous fournira des phrases allemandes essentielles et leurs prononciations.

38 expressions et phrases courantes pour vous connecter comme un pro

Salutations et phrases de base :

1. **Bonjour :** Bonjour (HAH-loh)
2. **Bonjour :** Guten Morgen (GOO-ten MOR-gen)
3. **Bonjour :** Guten Tag (GOO-ten TAHG)
4. **Bonsoir :** Guten Abend (GOO-ten AH-bent)
5. **Au revoir :** Auf Wiedersehen (OWF VEE-der-zay-en)

6. **S'il vous plaît :** Bitte (BIT-teh)

7. **Merci :** Danke (DAHN-keh)

8. **Oui :** Ja (YAH)

9. **Non :** Nein (neuf)

10. **Excusez-moi :** Entschuldigung (ent-SHOOL-di-goong)

Commande de nourriture et de boissons :

11. **Je voudrais... :** Ich möchte... (ikh MURKH-teh...)

12. **Menu, s'il vous plaît :** Speisekarte, bitte (SPY-suh-kahr-teh, BIT-teh)

13. **Eau :** Wasser (VAH-ser)

14. **Café :** Kaffee (KAH-feh)

15. **Thé :** Tee (tay)

16. **Bière :** Bière (bière)

17. **Vin :** Wein (vigne)

18. **La facture, s'il vous plaît :** Die Rechnung, bitte (dee REKH-noong, BIT-teh)

Demander son chemin :

19. **Où est...?:** Où est...? (c'est ça...?)

20. **Le centre-ville :** Das Stadtzentrum (dahs shtahdt-TSEN-troom)

La gare : Der Bahnhof (dayr BAHN-hof)

21. **L'arrêt de bus :** Die Bushaltestelle (dee BOOS-hahl-teh-SHTE-leh)

22. **Le métro :** Die U-Bahn (dee OO-bahn)

23. **Comment puis-je me rendre à...?: Wie komme ich zu ...?** (vee KOM-muh ikh tsoo...?)

Achats et négociations :

24. **Combien ça coûte ? :** Wie viel kostet das ? (tu as ressenti KOS-tet das ?)
25. **Je le prends :** Ich nehme es (ikh NAY-muh es)
26. **Y a-t-il une réduction ? :** Gibt es einen Rabatt ? (est-ce que **je-nen RAH-baht ?)**
27. **Trop cher :** Zu teuer (tsu TOO-er)

Exprimant sa gratitude:

28. **De rien :** Bitte schön (BIT-teh shern)
29. **Merci beaucoup :** Vielen Dank (FEE-lehn DAHNK)

Étiquette culturelle :

30. **Puis-je ? :** Darf ich ? (DAHRF eh bien ?)
31. Excusez-moi, ce siège est-il occupé ? : Entschuldigen Sie, ist dieser Platz frei ? (ent-SHOOL-di-gun zee, est-ce que DAY-zer PLATS frire ?)
32. **Je suis désolé :** Es tut mir leid (es toot meer lyt)

Situations d'urgence:

33. **Aide :** Hilfe (HIL-feh)

34. **J'ai besoin d'un médecin :** Ich brauche einen Arzt (ikh BROW-khe I-nen AHRTsht)

35. **Appelez la police :** Rufen Sie die Polizei (ROO-fen zee dee po-LEE-tsigh)

Exprimant son intérêt:

36. **Parlez-m'en davantage :** Erzählen Sie mir mehr darüber (ER-tsail-en zee meer mehr DAHR-i-ber)

Se faire des amis:

37. **Quel est ton nom ? :** Wie ist dein Name ? (vee, est-ce que je dyne NAH-moi ?)

38. **Ravi de vous rencontrer :** Schön, dich kennenzulernen (shern, deekh KEN-nen-tsoo-ler-nen)

Armé de ces phrases, vous naviguerez dans Vienne en toute confiance et vous connecterez avec les habitants chaleureux de la ville. Utilisez-les librement et profitez pleinement de votre aventure viennoise !

9 conseils clés pour communiquer comme un pro

1. Apprenez quelques phrases de base en allemand.

Cela montrera à vos hôtes que vous faites des efforts pour apprendre leur langue et leur culture.

2. Soyez conscient de la culture et des coutumes locales.

Par exemple, il est de coutume de serrer la main lorsqu'on salue quelqu'un à Vienne. Il est également considéré comme impoli de parler au téléphone ou d'envoyer des SMS en mangeant.

3. Soyez poli et respectueux.

Les Autrichiens sont connus pour être polis, alors assurez-vous d'être poli lorsque vous communiquez avec eux.

4. Sois patient.

Si vous parlez anglais, soyez patient avec votre interlocuteur. Ils auront peut-être besoin d'un peu plus de temps pour vous comprendre et répondre.

5. Utilisez un langage simple.

Évitez d'utiliser des mots ou des expressions complexes qui peuvent être difficiles à comprendre pour votre interlocuteur.

6. Soyez clair et concis.

Énoncez votre message de manière claire et concise et évitez d'utiliser du jargon ou de l'argot.

7. Utilisez le langage corporel et les expressions faciales à votre avantage.

Souriez, hochez la tête et établissez un contact visuel pour montrer que vous écoutez et êtes engagé.

8. N'ayez pas peur de demander de l'aide.

Si vous avez du mal à communiquer avec quelqu'un, n'hésitez pas à demander de l'aide. Il y a beaucoup de gens à Vienne qui sont prêts à aider les touristes.

9. Soyez prêt à apprendre.

Si vous souhaitez en savoir plus sur la langue allemande ou la culture autrichienne, il existe de nombreuses ressources.

"Vienne est la ville de mes rêves. J'y suis souvent allée. Je l'adore. C'est un monde d'harmonie et de civilisation."

- Sigmund Freud

Chapitre 11 :
Information essentielle

Alors que vous préparez votre voyage à Vienne, voici quelques éléments clés que vous devez savoir pour rendre votre visite agréable et sans problème.

Devise : Euro (€)

L'Autriche utilise l'euro (€). C'est une bonne idée d'avoir de l'argent liquide pour les petits achats, mais les cartes de crédit fonctionnent bien à Vienne.

Pourboire

Le pourboire est une pratique courante à Vienne, notamment dans les restaurants. Laisser un pourboire d'environ 10 à 15 % est une belle façon de montrer votre appréciation pour un bon service. Vous pouvez également arrondir la facture des taxis et des visites guidées.

Météo

Vienne a quatre saisons. Les étés peuvent être chauds, tandis que les hivers sont froids et neigeux. Vérifiez les prévisions météorologiques avant de faire vos valises.

Transport public

Vienne dispose d'un système de transports publics efficace. Pensez à vous procurer une Vienna Card ou un abonnement de transport pour des déplacements illimités dans les tramways, les bus et le métro.

Sécurité

Vienne est généralement sûre pour les touristes. En cas d'urgence, appelez le 112 pour obtenir de l'aide de la police, des pompiers ou d'un médecin. Il est disponible 24h/24 et 7j/7.

Fuseau horaire

Vienne se trouve dans le fuseau horaire de l'Europe centrale (CET). Ajustez vos montres en conséquence.

Prises électriques

Vienne utilise des prises électriques de type C et de type F. La tension standard est de 230 V, la fréquence est de 50 Hz. Apportez le bon adaptateur de prise et le bon convertisseur de tension si nécessaire.

Wifi

Le Wi-Fi est largement disponible dans les hôtels, les cafés et les espaces publics. Vous pouvez envisager de vous procurer une carte SIM locale pour accéder aux données.

Horaire

Vérifiez les événements majeurs, les festivals ou les jours fériés lors de votre visite. Rejoindre les célébrations locales peut ajouter une touche spéciale à votre voyage.

Explorez au-delà du centre

Même si le centre-ville est magnifique, n'oubliez pas d'explorer les quartiers de Vienne. Chacun a son propre caractère et ses attraits.

Musées

Vienne est connue pour ses musées. Pensez à vous procurer un Vienna Pass pour un accès à prix réduit à plusieurs musées et attractions.

Respecter les coutumes locales

La culture viennoise valorise la politesse et le respect. Habillez-vous modestement lorsque vous visitez les églises et évitez de parler fort.

"Vienne est une ville belle et vivante, et elle me plaît énormément."

- Frédéric Chopin

Foire aux questions (FAQ)

Avant de partir en voyage à Vienne, il est naturel de se poser quelques questions. Dans ce chapitre, nous avons compilé les réponses aux questions les plus fréquemment posées pour vous aider à préparer votre voyage et à profiter au maximum de votre séjour dans cette belle ville.

Q1 : Quelle est la meilleure période pour visiter Vienne ?

R1 : Vienne est belle toute l'année, mais le printemps (d'avril à juin) et le début de l'automne (de septembre à octobre) sont idéaux. Le temps est agréable et les activités de plein air sont agréables.

Q2 : Comment dois-je m'habiller à Vienne ?

A2 : Vienne est élégante mais pas trop formelle. Habillez-vous confortablement en fonction de la météo et emportez quelques tenues plus habillées pour les occasions spéciales.

Q3 : Vienne est-elle sûre pour les touristes ?

A3 : Oui, Vienne est généralement sûre. Faites preuve de la prudence habituelle que vous feriez dans n'importe quelle ville, comme protéger vos biens et éviter les zones mal éclairées la nuit.

Q4 : Puis-je utiliser des cartes de crédit à Vienne ?

R4 : Oui, les cartes de crédit sont largement acceptées à Vienne. Cependant, c'est une bonne idée d'emporter de l'argent liquide pour les petits achats et les endroits qui n'acceptent pas les cartes.

Q5 : Comment puis-je me déplacer à Vienne ?

R5 : Vienne dispose d'un excellent système de transports publics, comprenant des tramways, des bus et des métros. Pensez à acheter une Vienna Card ou un pass de transports en commun pour des déplacements illimités.

Q6 : Quelle est la langue parlée à Vienne ?

R6 : La langue officielle est l'allemand, mais de nombreux Viennois, notamment dans le secteur du tourisme, parlent anglais. Apprendre quelques phrases de base en allemand peut être utile.

Q7 : Existe-t-il des options de restauration végétariennes et végétaliennes ?

R7 : Oui, Vienne propose une variété de restaurants végétariens et végétaliens. Vous trouverez de nombreuses options adaptées à vos préférences alimentaires.

Q8 : Comment puis-je découvrir la scène musicale classique de Vienne ?

A8 : Vienne est un paradis pour les amateurs de musique classique. Assistez à des concerts dans des lieux célèbres comme l'Opéra national de Vienne ou assistez à de plus petits spectacles dans des églises et des lieux locaux.

Q9 : Que dois-je essayer de la scène culinaire de Vienne ?

A9 : Ne manquez pas le Wiener Schnitzel, la Sachertorte, l'Apfelstrudel et une tasse de café viennois.

Q10 : Comment puis-je économiser sur l'entrée au musée ?

R10 : Pensez à vous procurer un Vienna Pass, qui offre un accès à prix réduit à plusieurs musées et attractions. C'est un excellent moyen d'économiser de l'argent si vous prévoyez de visiter plusieurs sites.

Q11 : Que dois-je savoir sur l'étiquette publique de Vienne ?

A11 : Soyez poli et respectueux. Lorsque vous visitez des églises, habillez-vous modestement et évitez les conversations bruyantes. Les pourboires sont habituels, alors montrez votre appréciation pour un bon service.

Q12 : Y a-t-il des festivals ou des événements locaux pendant mon séjour ?

A12 : Vérifiez les événements locaux, les festivals ou les jours fériés lors de votre visite. Y participer peut ajouter une expérience culturelle unique à votre voyage.

Q13 : Comment puis-je rester en contact avec mes proches restés à la maison ?

R13 : Le Wi-Fi est largement disponible à Vienne. Vous pouvez également envisager d'acheter une carte SIM locale pour accéder aux données pendant votre séjour.

Q14 : Quels souvenirs puis-je rapporter de Vienne ?

A14 : Vienne propose une gamme de souvenirs, des chocolats classiques Mozartkugel aux verres élégants et aux vêtements traditionnels autrichiens.

Q15 : Comment puis-je trouver plus d'informations et d'assistance à Vienne ?

R15 : Vienne dispose de nombreux centres d'information touristique où vous pouvez obtenir des cartes, des brochures et de l'aide dans plusieurs langues.

"Vienne n'est pas seulement une ville d'art ; c'est une ville de réussite artistique."

-Jean Banville

Le plan d'itinéraire idéal de 7 jours à Vienne

Bienvenue dans le dernier chapitre de votre guide de Vienne. Bien planifier vos journées peut rendre votre voyage mémorable. Dans ce chapitre, nous avons préparé un plan de 7 jours pour vous aider à explorer Vienne et à créer de bons souvenirs.

Jour 1 : Arrivée et exploration

- **Matin :** Arrivée à Vienne et enregistrement à votre place. Commencez votre voyage par une promenade jusqu'à la cathédrale Saint-Étienne, dans le centre-ville.

- **Après-midi :** Déjeunez dans un café local et visitez le palais de la Hofburg. Découvrez l'histoire de l'Autriche dans les appartements impériaux et le musée Sisi.

- **Soirée :** savourez un dîner autrichien dans un restaurant local. Essayez le Wiener Schnitzel ou d'autres plats locaux.

Jour 2 : Plongée dans la culture

- **Matin** : Commencez votre journée au Kunsthistorisches Museum, connu pour ses collections d'art. Découvrez les œuvres d'artistes comme Rembrandt et Vermeer.

- **Après-midi** : Visite du Palais du Belvédère et de ses jardins. Ne manquez pas "Le Baiser" de Gustav Klimt au Musée du Belvédère.

- **Soirée** : Mangez dans un Heuriger, une taverne à vin viennoise traditionnelle, pour un repas autrichien accompagné de vins locaux.

Jour 3 : Exploration musicale

- **Matin** : Départ à l'Opéra national de Vienne. Faites une visite guidée ou assistez à un spectacle si possible.

- **Après-midi** : Explorez la Maison de la musique (Haus der Musik) pour une expérience musicale pratique. Découvrez l'histoire musicale de Vienne.

- **Soirée** : Profitez d'un concert avec de la musique classique de Mozart, Beethoven ou Strauss.

Jour 4 : Journée du Palais

- **Matin :** Rendez-vous au château de Schönbrunn, site classé au patrimoine mondial de l'UNESCO. Explorez les chambres chics et promenez-vous dans les grands jardins.

- **Après-midi :** Visitez le zoo de Schönbrunn, le plus ancien zoo du monde, dans le quartier du palais.
- **Soirée :** retournez en ville et mangez dans un restaurant sur le toit offrant une vue magnifique.

Jour 5 : Excursion dans la vallée de la Wachau

- **Matin :** Partez en voiture vers la magnifique vallée de la Wachau. Visitez la charmante ville de Dürnstein.
- **Après-midi :** Profitez d'une promenade en bateau sur le Danube à travers les collines couvertes de vignobles.
- **Soirée :** revenez à Vienne et mangez au bord de la rivière pour déguster une cuisine autrichienne.

Jour 6 : À la découverte des endroits cachés

- **Matin** : Explorez Naschmarkt, un marché animé proposant des plats du monde entier, des produits frais et des souvenirs uniques.

- **Après-midi** : Visitez le Hundertwasserhaus, un bâtiment coloré et artistique.

- **Soirée** : Participez à un cours de danse de valse viennoise traditionnelle pour avoir un avant-goût de la culture locale.

Jour 7 : Adieu et souvenirs

- **Matin** : Faites une dernière promenade au bord du canal du Danube ou dans le parc du Prater.

- **Après-midi** : Pensez à votre aventure viennoise dans un café avec du café viennois et un gâteau Sachertorte.

- **Soirée** : Dites au revoir à Vienne avec un dîner spécial au bord du fleuve, chérissant une dernière fois la beauté de la ville.

Ce plan de 7 jours combine histoire, culture, musique et bonne cuisine. Nous espérons que votre voyage sera plein d'émerveillements et d'expériences fantastiques.

Dernières pensées

Alors que vous terminez la lecture de ce guide de Vienne, réfléchissons à votre aventure à venir et à quelques dernières réflexions pour vous aider à profiter de votre visite dans cette ville incroyable.

Voici quelques dernières réflexions pour vous :

- **Soyez ouvert d'esprit et essayez de nouvelles choses.**

Vienne a quelque chose à offrir à tout le monde, alors assurez-vous d'essayer de nouveaux plats, de visiter de nouvelles attractions et de rencontrer de nouvelles personnes.

- **Prenez votre temps et profitez de la ville.**

Vienne est une ville qui se savoure. Ne vous précipitez pas d'une attraction à l'autre.

- **Soyez respectueux de la culture et des coutumes locales.**

Vienne est une ville avec une histoire longue et riche. Assurez-vous d'être respectueux de la culture et des coutumes locales.

Nous vous souhaitons un voyage sûr et agréable à Vienne ! Jusqu'à ce que nous nous retrouvions,

Dan L. Allbêta

Carnet de voyage

Budget de voyage

Budget de voyage

Transport	Nourriture	Hébergement

Budget

Achats	Abonnement	Divertissement

Budget

Liste de contrôle d'emballage

Liste de contrôle d'emballage

Documents	Vêtements	Articles de toilette

Gadgets	Contacts	Divers

Itinéraire de voyage

Itinéraire de voyage

Jour 1

Endroit pour voir			
Transport	Activité		Temps

Jour 2

Endroit pour voir			
Transport	Activité		Temps

Itinéraire de voyage

Jour 3

Endroit pour voir		
Transport	**Activité**	**Temps**

Jour 4

Endroit pour voir		
Transport	**Activité**	**Temps**

Itinéraire de voyage

Jour 5

Endroit pour voir			
Transport	**Activité**		**Temps**

Jour 6

Endroit pour voir			
Transport	**Activité**		**Temps**

Itinéraire de voyage

Jour 7

Endroit pour voir		
Transport	**Activité**	**Temps**

Jour 8

Endroit pour voir		
Transport	**Activité**	**Temps**

Itinéraire de voyage

Jour 9

Endroit pour voir			
Transport	Activité		Temps

Jour 10

Endroit pour voir			
Transport	Activité		Temps

Mes notes

Ma note

Ma note

Ma note

Ma note

Ma note

Ma note

Ma note

Ma note

Ma note

Ma note

Autre compagnon de voyage inspirant de l'auteur

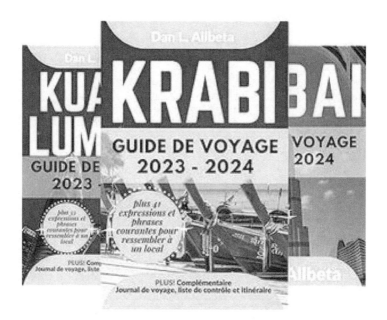

Guide de voyage de poche facile à utiliser
(série Travel)

https://www.amazon.com/dp/B0CR8HR1KS

Printed in France by Amazon
Brétigny-sur-Orge, FR

20381061R00087